¿Qué necesitan los seres vivos?

Luz

Vic Parker

Heinemann Library
Chicago, Illinois

a division of Reed Elsevier Inc.
Chicago, Illinois

Customer Service 888-454-2279

Visit our website at www.heinemannraintree.com

Printed and bound in China by South China Printing Company Limited
Translation into Spanish produced by DoubleO Publishing Services
Photo research by Ruth Blair and Andrea Sadler

10 09 08 07 06
10 9 8 7 6 5 4 3 2 1

Library of Congress Cataloging-in-Publication Data

A copy of the cataloging-in-publication data for this title is on file with the Library of Congress.
[Light. Spanish]
Luz / Vic Parker
ISBN 1-4034-8524-0 (HC), 1-4034-8530-5 (Pbk.)

Acknowledgments
The author and publishers are grateful to the following for permission to reproduce copyright material: Alamy pp. 5, 6, 7 (Tom Mareschal), 9 (Mike Stone), back cover (light bulb, Mike Stone); Bubbles (Loisjoy Thurstun) pp. 11, 23 (torch); Corbis p. 4; FLPA pp. 13 (B. Withers), 16 (Silvestris Fotoservice), 19 (Colin Marshall), 20 (Roger Hosking); Getty Images pp. 8 (Stone), 10, 12 (Botanica), 14 (Taxi), 23 (shade, Stone), 23 (vitamin D, Taxi); NHPA pp. 17 (Daniel Heuclin), 18 (Ernie Janes), 22 (Andy Rouse), 23 (shadow, Andy Rouse), back cover (lizard, Daniel Heuclin); TopFoto pp. 15 (Bob Daemmrich, The Image Works), 21 (Gardner).

Cover photograph reproduced with permission of Alamy.

Every effort has been made to contact copyright holders of any material reproduced in this book. Any omissions will be rectified in subsequent printings if notice is given to the publisher.

Many thanks to the teachers, library media specialists, reading instructors, and educational consultants who have helped develop the Read and Learn/Lee y aprende brand.

Contenido

Algunas palabras aparecen en negrita, **como éstas.** Puedes encontrarlas en el glosario ilustrado de la página 23.

¿Qué es un ser vivo?

Los seres vivos son cosas que crecen.

Las personas, los animales y las plantas son seres vivos.

¿Qué cosas en esta imagen están vivas? ¿Cuáles no?

¿Qué es la luz?

La luz es lo que hace que las cosas no sean oscuras.

La luz del día viene del sol.

También recibimos luz de las bombillas y las velas.

¿Es sólo brillante la luz?

Además de brillar, la luz también da calor.

Por eso hace calor bajo el sol, pero se siente fresco en la **sombra.**

Las bombillas y las velas se calientan cuando las encendemos.

¡Ten cuidado de no tocarlas!

¿Por qué necesitamos luz?

Necesitamos luz para ver claramente las cosas.

Toma este libro y escóndete en la cama. ¿Puedes leer el libro en la oscuridad?

Busca una **linterna** e inténtalo de nuevo.

¿Puedes leer el libro ahora?

¿Sirve la luz sólo para ver las cosas?

También necesitamos luz para mantenernos calientes.

Nuestros cuerpos necesitan estar calientes para seguir vivos.

La luz del sol no deja que nuestros cuerpos se enfríen demasiado.

¿Nos mantiene sanos la luz?

Necesitamos un poquito de luz del sol para mantenernos sanos.

Nuestros cuerpos obtienen **vitamina D** de la luz del sol. Esto nos ayuda a crecer.

Demasiada luz del sol nos puede enfermar.

Incluso puede quemar nuestra piel.

¿Necesitan luz los animales para ver y mantener su calor?

Muchos animales necesitan la luz para ver. Pero los murciélagos salen cuando está oscuro.

Tienen muy buen oído. Lo usan para encontrar su camino en la oscuridad.

Muchos animales necesitan luz para mantener su calor.

Este lagarto necesita estar al sol para calentarse.

¿Viven todos los animales en la luz solar?

Muchos animales viven bajo la luz del sol, como nosotros.

Pero este topo vive bajo tierra en la oscuridad.

Algunos animales viven en el océano.

Cuanto más profundo viven en el océano, menos luz reciben.

¿Necesitan luz las plantas?

Todas las plantas necesitan luz.

Las plantas mezclan la luz con el aire y el agua dentro de sus hojas para producir alimento.

Las plantas usan esta comida
para crecer.

Adivínalo

Cuando te paras en la luz del sol, creas una zona oscura. Se llama **sombra.**

¿Puedes adivinar qué produjo esta sombra? Es un gato grande.

Glosario

vitamina D algo que necesitan nuestros cuerpos para crecer fuertes. La obtienen de la luz del sol y de alimentos como el pescado, la leche, la mantequilla y los huevos.

sombra zona fuera de la luz del sol, que está oscura y fría

sombra la forma oscura que crea un objeto al bloquear la luz

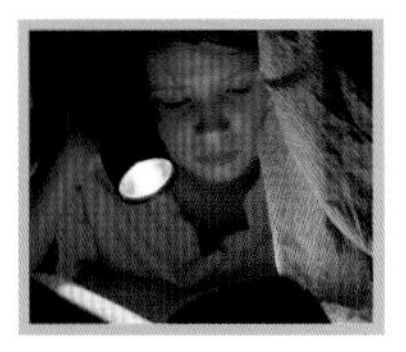

linterna tipo de lámpara que puedes llevar en la mano

Índice

Nota a padres y maestros

Leer textos de no ficción para informarse es parte importante del desarrollo de la lectura en el niño. Se puede animar a los lectores a hacer preguntas simples y después usar el texto para encontrar las respuestas. La mayoría de los capítulos en este libro comienzan con una pregunta. Lean juntos las preguntas. Fíjense en las imágenes. Hablen sobre cuál puede ser la respuesta. Después lean el texto para ver si sus predicciones fueron correctas. Para desarrollar las destrezas de investigación de los lectores, anímenlos a pensar en otras preguntas que podrían hacer sobre el tema. Hablen sobre dónde podrían hallar la respuesta. Ayuden a los niños a usar la página del contenido, el glosario ilustrado y el índice para practicar destrezas de investigación y un nuevo vocabulario.